yukismart.com/b/6a5756
AF365371
1
2

fille

kız

garçon

oğlan

maman

anne

papa

baba

jeune

genç

vieux

yaşlı

enfant

çocuk

adulte

yetişkin

accepter

kabul etmek

refuser

reddetmek

oui

evet

non

hayır

sourire

gülümsemek

pleurer

ağlamak

joyeux

mutlu

triste

üzgün

seul

yalnız

ensemble

birlikte

bruit

gürültü

silence

sessiz

chaud

sıcak

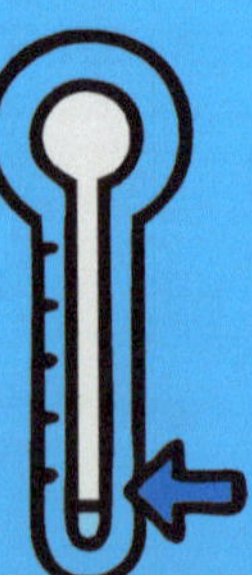

froid

soğuk

un peu

biraz

beaucoup

çok

solide

katı

liquide

sıvı

court

kısa

long

uzun

lent

yavaş

rapide

hızlı

minuscule

küçücük

petit

küçük

grand

büyük

énorme

kocaman

dedans

içinde

dehors

dışında

gonflé

şişik

dégonflé

sönük

sur

üstünde

sous

altında

sale

kirli

propre

temiz

identique

aynı

différent

farklı

gauche

sol

droite

sağ

$1 + 1 = 5$

$1 + 1 = 2$

faux

yanlış

correct

doğru

mince

ince

épais

kalın

facile

kolay

difficile

zor

fermé

kapalı

ouvert

açık

grand

uzun

petit

kısa

en bonne santé

sağlıklı

malade

hasta

jour

gündüz

nuit

gece

jouer

oynamak

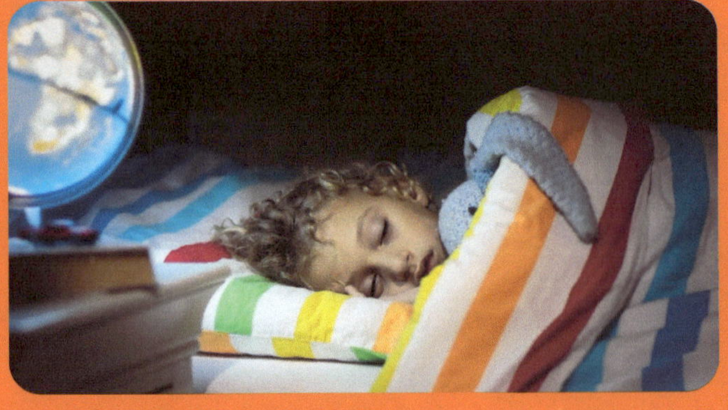

dormir

uyumak

ensoleillé

güneşli

nuageux

bulutlu

pluvieux

yağmurlu

orageux

fırtınalı

blanc

beyaz

noir

siyah

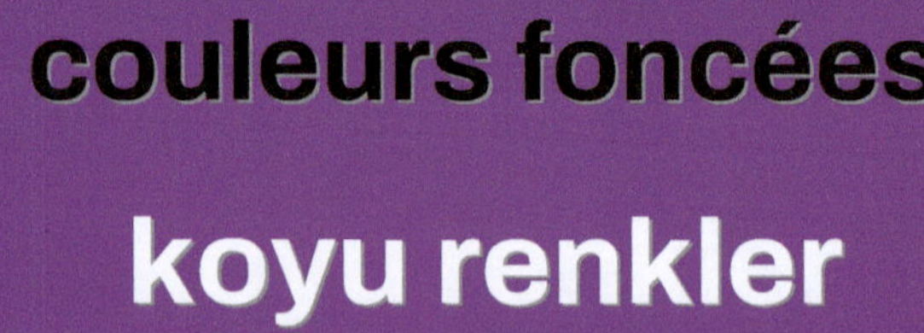

couleurs claires

açık renkler

couleurs foncées

koyu renkler

sucré

tatlı

acide

ekşi

salé

tuzlu

amer

acı

entier

bütün

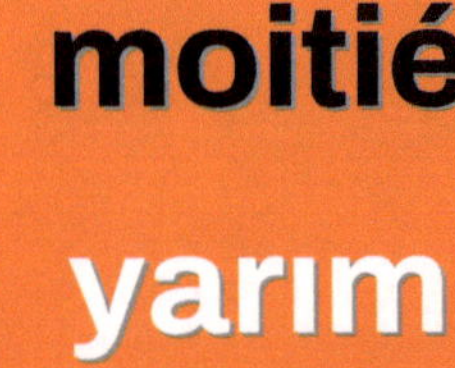

moitié

yarım

rempli

dolu

vide

boş

manger

yemek

boire

içmek

près
yakın
loin
uzak

là

orada

ici

burada

debout
ayağa kalkmak

allongé
yatmak

assis
oturmak

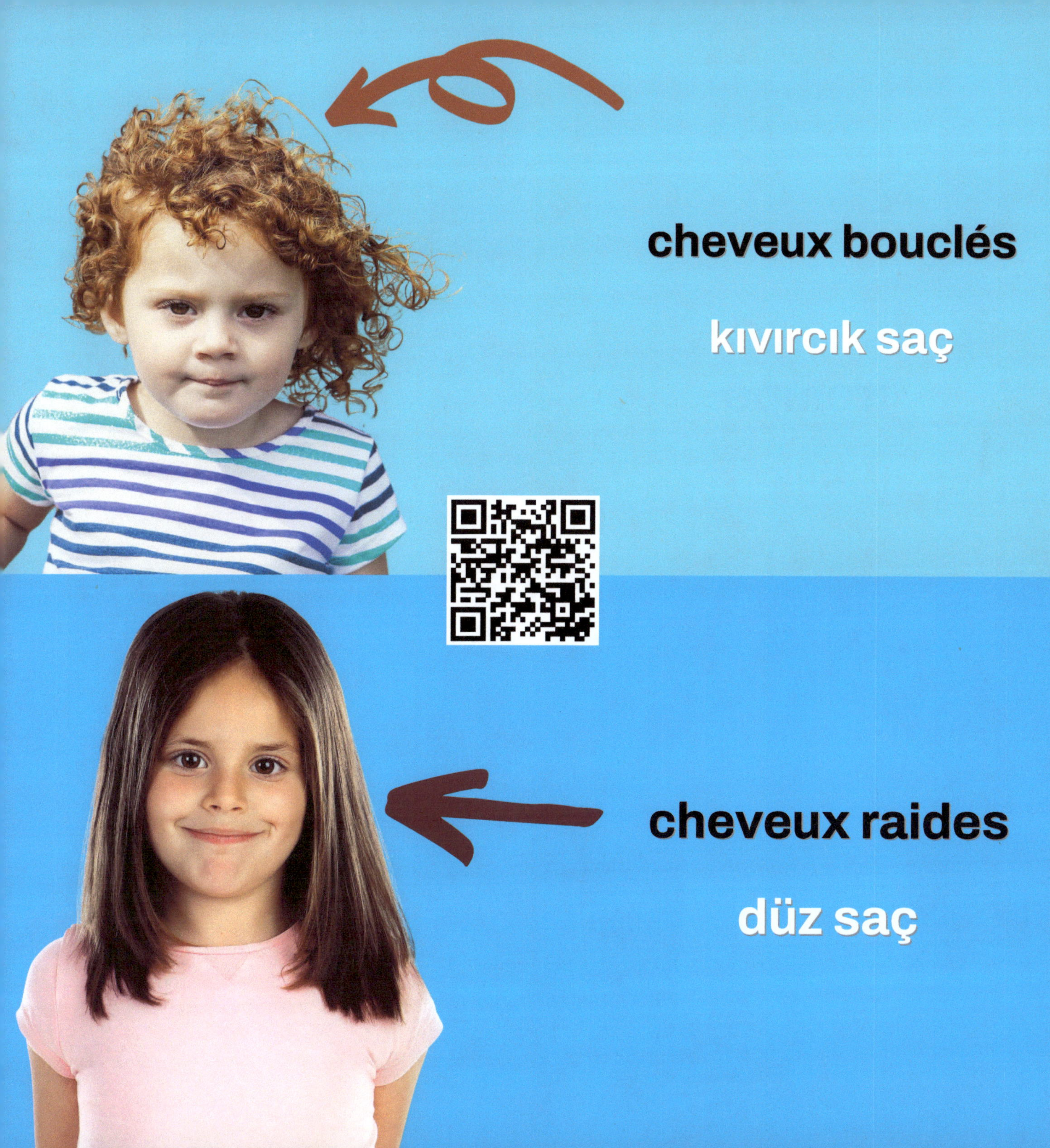
cheveux bouclés
kıvırcık saç
cheveux raides
düz saç

trempé

sırılsıklam

mouillé

ıslak

sec

kuru

devant

önünde

derrière

arkasında

entre

arasında

à côté de

yanında

toit

çatı

sol

zemin

lourd

ağır

léger

hafif

fragile

kırılgan

robuste

dayanıklı

faible

güçsüz

fort

güçlü

piquant

keskin

doux

yumuşak

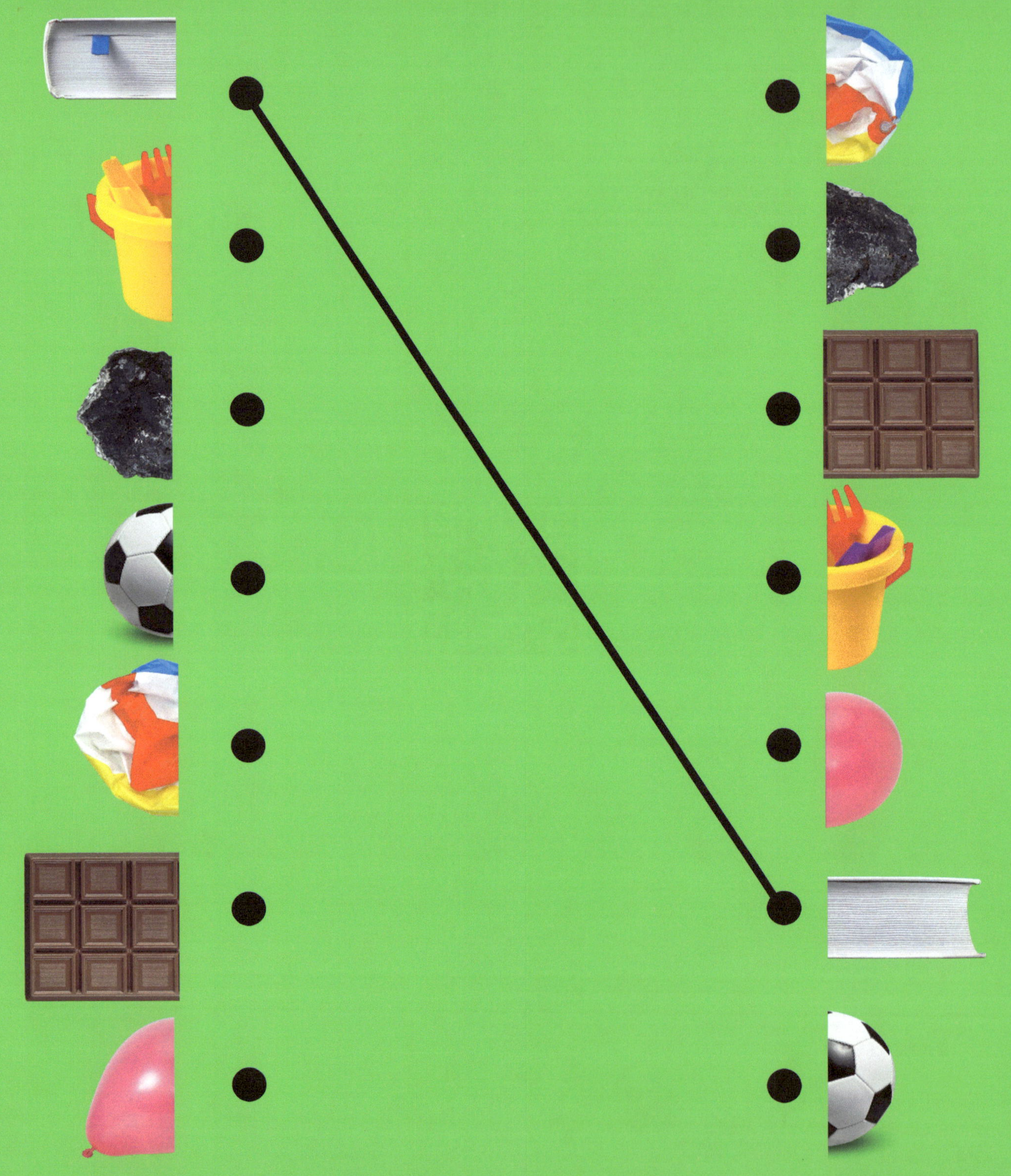